Sylvie Delarbre
Im Spiegel der Seele
Gedichte und Bilder

Sylvie Delarbre

Im Spiegel der Seele

Gedichte und Bilder

Books on Demand Verlag

Die Deutsche Nationalbibliothek verzeichnet diese
Publikation in der Deutschen Nationalbibliografie;
detaillierte bibliografische Daten sind im Internet über
http://dnb.d-nb.de abrufbar.

Erstausgabe März 2009
„Im Spiegel der Seele"

Herstellung
und Verlag: Books on Demand GmbH, Norderstedt

ISBN : 978-3-83-709798-6

Für meine Familie,
und meine Freunde

Mit Dank für
Eure Liebe und Zuneigung

… die sich in meiner Seele
widerspiegeln

Tag um Tag

Sonne schiebt sich durch die Blätter
Dunst kämpft mit dem Morgenlicht
Eichhörnchen in Bäumen klettern
Strassen, Autos hört man nicht

Ruhe wie ein warmer Mantel
über dieser Wiese liegt
Sand und Wasser stellenweise
sich an meine Stiefel schmiegt

Dunst kriecht auch aus warmen Nüstern
trotz des sommerlichen Tags
wird erst später unsichtbar
wenn die Sonne wärmen mag

Heu knirscht zwischen großen Zähnen
stetig und in gleichem Ton
Licht fängt sich in Zottelmähnen
dies zu sehen ist mein Lohn.

Zufrieden sehen Pferdeaugen
so kann ich nun zur Arbeit geh´n
wo nichts kann mir die Ruhe rauben
denn ich werd euch wiedersehen

Windgepeitschte Regentropfen
dunkel an mein Fenster klopfen
sammeln sich zu schmalen Bächen
zerrinnen dort so wie mein Lächeln

Bilden glänzend tiefe Seen
wodurch Stiefel stampfend gehen
perlen sanft auf bunte Blätter
wo so manche Käfer klettern

Rinnen kühlend durch mein Haar
dort wo Deine Hand einst war
rinnen über meine Wangen
wo sie meine Tränen fangen

Tropfen dann von dort zu Boden
es ist als wär die Zeit verschoben
seh im Glanz der Straße Licht
es ist als spiegeltest Du Dich

Dort wo eben Reifen fuhren
spiegeln sich im Asphalt Spuren
große und auch kleine Füße
die manchmal ineinander fließen

Bis die Sonne sich erhebt
aus Spuren ihren Nebel webt
der dann still am nächsten Morgen
ein Geheimnis hält verborgen

Wenn Du die große Liebe findest
die alle Grenzen überwindet
spürst Du dieses nicht sogleich
erst wenn die Sehnsucht Dich zerreißt

Nach einem Menschen der Dir fern
den Du nicht hast wie andere gern
dessen Wesen in Dir lebt
stets sein Geist Dich leicht umschwebt

In Dir trägst Du dieses Wissen
und ist auch euer Weg zerrissen
bewahre dieses Wissen Dir
und halte offen Deine Tür

Denn irgendwo ist festgeschrieben
die Liebe wird der Himmel fügen
wird einen was vereint gehört
nicht dulden daß das Glück zerstört.

Wie Nebel grau in diesen Tagen
wollt meine Seele grad verzagen
doch mit sanftem hellen Licht
erleuchtet Deine Liebe mich

Beug mein Haupt an Deine Brust
atme schaudernd Deinen Duft
fühle Arme die mich halten
vertreiben dunkle Schreckgestalten

Seh verzagt in Dein Gesicht
wo ein Lächeln mich dann trifft
welches wie ein heißes Schwert
in mein Herz hernieder fährt

Wo dann klare Eiskristalle
in warme Tropfen gleich zerfallen
sich so in meinem Blut ergießen
und durch meine Adern fließen

Bis dann bei des Prinzen Kuss
verflogen ist all Überdruss
und nur der Mond sieht zwei Gestalten
die sich fest im Arme halten

Jeder Tag in dieser Welt
ist das Einzige was zählt
jeder Mensch der Dir begegnet
jeder Tropfen den es regnet

Öffne Deine Augen jetzt
sieh die Spinne und ihr Netz
sieh wie der Wind die Bäume krümmt
der Bach die Steine mit sich nimmt

Und schaust Du morgen noch mal hin
gibt alles einen neuen Sinn
die Sonne scheint wo Regen war
so ist es immer Jahr für Jahr

Doch hast Du niemals hingesehen
wird das Leben weitergehen
ohne Licht und ohne Schatten
ohne je gefühlt zu haben

Duft von hell erglühtem Holz
im Feuerschein Gesichter stolz
seh ich staunend tanzen
durch meine Träume stampfen

Schrille Schreie, Federn wogen
dort wo eben kahler Boden
Bisonfell und Hirschgeweih
trommelnd Tänzer im Mondenschein

Reißen mich in ihren Bann,
ergreifen mich mit ihrem Klang
lassen meinen Pulsschlag wallen
Trommeln dumpf im Kopf erschallen

Jäh erwacht aus diesem Traum
sucht mein Blick im ganzen Raum
nach Gras und harten Spuren
vom Tanz der Kreaturen

Find Sand an meinen Füssen
und Federn auf dem Kissen
sehe Rauch durchs Zimmer schweben
hör Trommelklang verwehen

Wahrheit ist ein teures Gut
Sie zu sagen erfordert Mut
zu Ihr zu stehen ist oft schwer
erzeugt sie doch oft Gegenwehr

Denn hältst Du einen Spiegel hin
Denen die selbst feige sind
musst Du Kraft und Stärke haben
Ihren Zorn darüber tragen

Dass Ihr Schein nicht länger hält
sie nun stehen in der Welt
so wie sie doch wirklich sind
kann nun sehen jedes Kind

Sieh in den Spiegel selbst hinein
sei stolz Dein Bild erscheint dort rein
dreh Dich um geh Deinen Weg
Du bist der Mensch der wirklich lebt

Fahl fällt helles Vollmondlicht
in dieser Nacht auf mein Gesicht
schon seit Stunden sitz ich hier
hör in der Stille manches Tier

Ein Rascheln und ein Schnaufen
wo zarte Rehe laufen
knirschen auch und dumpfen Schritt
wo ein Hirsch gewaltig tritt

Wenn all die Menschen stille ruh´n
treibt mich Etwas dies zu tun
durch meine Ader fließt es heiß
spür nicht des Nachts den kühlen Reif

Über mir ich sehen kann
der Mond zieht langsam seine Bahn
fast fühl ich wie sein heller Schein
in meine Seele tritt hinein

Füllt mich aus mit ganzer Macht
gibt Stärke mir und hält mich wach
am Morgen er der Sonne weicht
Vögel hört man dann sogleich

Doch weiß ich eine weitere Nacht
wird der Mond zurückgebracht
fahl fällt dann sein helles Licht
in dieser Nacht auf mein Gesicht

Lautlose Hufe
in saftigem Grün
in dieser Stille
die Pferde hinziehn

Nur mahlende Kiefer
sind leise zu hörn
manchmal ein Summen
lässt sie kaum störn

Sitz lautlos daneben
genieße die Ruh
spür sie hineinziehn
in meine Seele im Nu

Durchfließt jede Faser
bis in mein Herz
nimmt Ärger, Zweifel
und auch jeden Schmerz

Möchte hier bleiben
bis die Sonne vergeht
spüren wie ab und zu
Wind mich umweht

Selbst manchen Schauer
ich freudig begrüß
scheint er mir milde
und hier draußen fast süß

In der Stille dieser Zeit
seh ich in mich selbst hinein
frage mich was ist geblieben
oder neu in mir erschienen.

Mit dem Blick aus meinem Fenster
seh ich kalte Eisgespenster
umklammert sind von rauhem Reif
Bäume, Äste, starr und steif

In der Stille dieser Zeit
fühle ich mich oft befreit
von dieser dunklen Trauer
die mich umschloss wie eine Mauer

Fühle Glück, Zufriedenheit
trotz dieser eisigkalten Zeit
denn ist nun auch mein Herz befreit
Deine Wärme spür ich endlos weit

Gespenstisch hebt sich aus dem Tal
eine Burg so grau und fahl
hinter Nebel wie zerissen
liegt des Ritters Schild vergessen

Mir ist als hört ich Hufe klackern
vom Rennen auf gefrornem Acker
durch den Nebel hallen leise
Harfentöne zu gesungener Weise

Seufzend diese Frauenstimme
singt von Blut und Kampfgetümmel
durch den Nebel an mein Ohr
dringt Kampfesruf und Nebelhorn

Schau staunend hin auf Wald und Feld
doch seh nur alles weiß umhüllt
knie nieder auf der Steinesbrücke
berühr dort kalte Steinesstücke

Mir ist als scheinen diese warm
und Wärme kriecht durch meinen Arm
zieh schell meine Hand zurück
ahne fast hier starb dass Glück

Auf meinem Weg zum grossen Tor
wo einst des Ritters Blut gefror
hallt es dumft wie leise Stimmen
wenn Schwerter aneinander klingen

Vor mir sich die Burg erhebt
es ist als ob sie heute lebt
schau durch ein Loch im alten Holz
und sehe Ritter groß und stolz

Auf Rössern und mit buntem Schild
aus Nüstern dampft es kalt und wild
Frauen zart in edlem Kleide
trocknen Tränen in feiner Seide

Dreh mich still und leise um
begleitet von den Geistern nun
geh ich zurück auf dieser Brücke
im Reif so weiss klafft eine Lücke

Dort wo meine Hand gelegen
kreuzen sich nun Schwert und Degen
des Ritters Wappen ist erschienen
bis heute ist sein Tod zu sühnen

Drum wird er stets an Nebeltagen
weiter seine Rüstung tragen
wenn die Harfe leise klingt
und von seinem Tode singt

Eine Seele zart wie Seide
irrt herum in dieser Welt
sucht voll Schmerzen oft das Weite
fern von Luxus, Habgier, Geld

Findet was kein Mensch kann geben
Wahrheit, Klarheit, Offenheit
fern von allem regen Leben
im Ursprung der Natürlichkeit

Dort wo es keine Uhren gibt
nicht zählt was man im Spiegel sieht
die Seele bloß liegt wie ein See
man dankbar ist für Gras und Klee

Denn gehst Du hin zu Deinen Pferden
dreht sich nicht mal mehr die Erde
nutzt Dir keine Lüge mehr
denn alles sieht es dieses Pferd

Ich hab so oft an Dich gedacht
was Du wohl nun heute machst
ob Dein Kampf erfolgreich war
und ich Dich treff in diesem Jahr

Hätte ich doch nur gewusst
dass Du uns schon verlassen musst
wär mir heut dass Herz nicht schwer
nun sehe ich Dich nimmer mehr

Doch bleibst Du in Erinnerung
ein schönes Mädchen noch so jung
mit Augen die oft traurig schauten
und Mut der auf die Hoffnung baute

Mit einem Lachen wunderschön
kann es nun in den Sternen sehn
wo Du auf uns hinunterschaust
und täglich für uns Schlösser baust

Dort oben bei den Sternenkindern
wirst Du neue Freunde finden
und auch all Die wiedersehn
die schon mussten von uns gehn

Leg mich nun nieder auf mein Kissen
dort werden manche Tränen fließen
doch nehmen sie den Schmerz hinweg
der dann zu Deinen Sternen schwebt

Triefend nasse Pferdemähnen
erinnern mich an Wind und Meer
grell zuckt schon ein Blitzgewitter
in Pferdeaugen schwarz wie Teer

Donnernd rennen harte Hufe
wirbeln von sich Stock und Stein
durch eben noch so ruhe Stille
kein Wald mag nun mehr friedlich sein

Wasser rinnt auf Haut und Haaren
Kälte nach den Gliedern greift
doch reite ich auf Pferdes Rücken
bis der Wind den Schmerz vertreibt

Dampf steigt dann aus Fell und Kleidern
löst sich auf im Sonnenlicht
spiegelt sich in kalten Eisen
Huf um Huf und schwebt ins Nichts

Du hast mich Deinen Engel genannt
bist meiner Liebe nachgerannt
dabei hast Du ganz vergessen
daß auch Engel Leben müssen.

Auch Engel sind nicht immer mutig
auch Engelsherzen sind oft blutig
auch Engel weinen Tränen warm
auch Engel fühlen sich oft arm

Du hast mich einen Teufel genannt
bist vor meiner Wut davongerannt
dabei hast Du ganz vergessen
niemand ist vom Teufel besessen

Auch Engel spüren mache Wut
auch in Engeln brennt die Glut
auch Engel strafen böse Taten
auch Engel wollen oft nicht warten

Doch wenn des Engels Wut verraucht
und sein Schein in Licht ihn taucht
er die Flügel wieder hebt
und neue Liebe in ihm lebt

Wird der Engel Dich begleiten
durch gute und durch schlechte Zeiten
Dir Liebe, Wärme, Kraft zu geben
doch manchmal sich in Wut erheben

Ein letzter warmer Sonnenstrahl
fällt heute auf mein Haar
drum drehe ich die Zeit zurück
und denk an letztes Jahr

Spürte nicht die Strahlen
warmer sanfter Sonne
roch nicht Laub und feuchtes Gras
des Herbstes Hauch voll Wonne

Zu schwer mein Herz wog in der Zeit
und Trauer mich umhüllte
Tag um Tag Erinnerung
an Dich mich nur erfüllte

Dreh mein Gesicht der Sonne zu
auf dass ihr Schein mich blendet
fühl wie zarte Sonnenstrahlen
in meinem Herzen Bilder malen

Denk nun an mein neues Glück
seh mich strahlend lachen
es ist als kehrt die Zeit zurück
als wir Scherze machten

Lautlos treten Hufe
durch hellen Sand und Staub
Sonne brennt seit Stunden
auf meine helle Haut

Spüre nicht das Brennen
fühl Geist und Herz sich trennen
von einem Körper der nur Hülle
in dieser sommerheißen Schwüle

Gedanken fließen in den Sand
aufgelöst von Geisterhand
Land wird gross und weit
und stehen bleibt die Zeit

Dumpf nun donnern Hufe
durch hellen Sand und Staub
warmer Wind umweht mich
streichelt meine Haut

Sorgen Ängste Nöte
egal an welchem Ort
nimmt er auf und weht sie
mit einem Male fort

Jahre sind vergangen
seit jenem schweren Tag
Dinge gehen weiter
als wärest Du noch da.

Warte nicht wie früher
Dich an der Tür zu sehn
lausche nicht der Stimmen
die an mir vorüberwehn

Denn weiss ich nun um Dinge
die um mich geschehn
Du wohnst Ihnen inne
dort nur kann ich Dich sehn

Rascheln eines Blattes
obwohl kein Wind dort weht
der Zug der gleichen Vögel
wie wir sie einst gesehn

Wenn ich meine Augen öffne
und Du bist nicht neben mir
ist der Morgen still und leise
und die Sehnsucht ruft nach Dir

Du hörst mir zu in mancher Nacht
vom Schmerz um den Verstand gebracht
spür ich so mit jedem Wort
nimmst Du die Trauer mit Dir fort

Wie ein Feuer in dunkler Nacht
hast Du die Wärme in mir entfacht.
gibst mir Licht in dunkler Stunde
fühl mich geborgen wie nie empfunden

Liebe es mit Dir zusammen zu sein
Sorgen und Nöte werden nichtig und klein.
schmelzen in der Wärme die Du gibt's
sind plötzlich egal weil Du mich liebst

Versunken tief in weißer Pracht
ruht die Welt in dieser Nacht
seh klar die Sterne über mir
so wie Du weit fort von hier

Doch trotz dieser weiten Ferne
weiß ich jemand hat mich gerne
hör es in Deiner Stimme Klang
die mir erscheint wie ein Gesang

Fast seh ich Dich dort geisterhaft
wenn Schnee die Nacht zum Tage macht
einem stillen Schatten gleich
entstehst Du dort aus Wirbeln weiß

Umfasst mit kalten Armen mich
und fühl mich trotzdem königlich
weiß ich doch um Deine Wärme
die spürbar ist trotz weiter Ferne

So wird es jede Nacht geschehen
bis wir uns bald wiedersehen
unter klarem Sternenglanz
tanzen wir den Geistertanz

Heut hast Du unsre Welt verlassen
und doch so Vieles hinterlassen
Hör wie Dein Lachen widerhallt
beim Ritt durch unsren Sommerwald

Seh Sonnenlicht durch Blätter tanzen
sich leuchtend in Deine Haare pflanzen
Deine Hand ganz ohne Eile
auf Deines Pferdes Hals verweilen

Sanft warst Du und so bescheiden
hast nie verdient ein böses Leiden
doch manchmal auch ein Wirbelwind
der nun doch seine Ruhe findet

Eines möcht ich Dir versprechen
ich werd an manchen Bäumen lächeln
bei meinem Ritt in jedem Wald
in dem Dein Lachen widerhallt

Wenn Stimmen auch verblassen
im Angesicht der Zeit.
nie sind wir verlassen
denn Engel Fliegen weit

Vergangen sind nun Jahre
mein Lächeln kam zurück
doch wo immer wir auch waren
seh ich Dich und unser Glück

Gibst Mut auf allen Wegen
von dort wo Du nun bist
sendest Sonne in mein Leben
als mein Engel ewiglich.